평범한 우리 어린이들을
다음 세대 위인으로 만들어 줄 위인전!
효리원의 저학년 교과서 위인전은
초등학교 교과 과정에 나오는 국내외 위인들을
우리나라 최고 아동 문학가 53인이 재미있게 동화로
구성했습니다. 지혜와 용기로 위대한 삶을 산
위인들의 이야기는 어린이들의 마음속에
'나도 할 수 있다!'는 희망의 씨앗을
심어 줄 것입니다.

일러두기

1. 띄어쓰기와 맞춤법 : 초등학교 국어 교과서와 국립국어원의 『표준국어대사전』을 기준으로 하였습니다.
2. 외래어 지명과 인명 : 국립국어원의 『외래어 표기 용례집』을 기준으로 하였습니다.
3. 이해가 어려운 단어 : ( ) 안에 뜻풀이를 하였습니다.
4. 작가 연보 : 연도와 함께 나이를 표기하고, 업적을 간략히 소개하였습니다. 우리나라 위인은 태어난 해를 한 살로 하였고, 외국 위인은 만 나이를 한 살로 하였습니다. 정확한 자료가 없는 위인은 연도와 업적만을 나타냈습니다.
5. 내용 구성 : 위인의 삶은 역사적 자료를 바탕으로 최대한 사실적으로 구성하였습니다. 그러나 읽는 재미를 위해 대화 글이나 배경 묘사, 인물의 감정 표현 등에 작가의 상상력을 가미하였습니다.
6. 그림 구성 : 문헌을 바탕으로 위인이 살던 시대를 충실히 나타내도록 하되 복식의 색상이나 장식, 소품, 건물 등은 작가의 상상으로 그렸습니다.
7. 내용 감수 : 각 분야의 전문가들로 구성된 편집 위원들이 꼼꼼히 감수를 하였습니다.

편집 위원

비폭력 무저항 정신으로 맞선 평화주의자

간 디

정성란 글 / 전필식 그림

이 책을 읽는 학부모님과 선생님께

간디는 폭력만을 무기로 삼던 사람들에게 그보다 더 강한 '비폭력'이라는 무기가 있다는 사실을 알려 준 사람입니다.

남아프리카에 간 간디는 그곳에서 일하는 인도인들이 백인들에게 노예와 같은 대접을 받는 것을 보고 충격을 받았습니다. 생명이란 모두가 귀한 것인데, 피부색이 다르다는 이유만으로 멸시받는 인도인들을 보며 간디는 인간의 권리를 찾아야겠다고 마음먹었습니다.

힘이 세다는 이유로 남의 나라를 지배하고, 약하다는 이유로 다른 나라의 지배를 받는 것 역시 옳지 않다고 여겼습니다.

권리를 찾고, 옳지 않은 것을 바르게 고치기 위해 간디는 투쟁했습니다. 그러나 어떠한 고난 앞에서도 평화적인 방법으로만 투쟁했습니다. 간디는 단식을 하고, 행진을 하고, 감옥에 갇히기도 했습니다. 그러나 결코 폭력은 사용하지 않았습니다.

그 결과 간디는 이 세상에서 가장 강력한 무기는 '비폭력'이라는 것을 직접 보여 줄 수 있었습니다.

폭력은 양쪽 모두를 다치게 하지만, 비폭력은 서로를 화해시킵니다. 폭력은 또 다른 폭력을 낳을 뿐이지만, 비폭력은 용서와 감동을 낳습니다.

학부모님과 선생님께서는 이 책을 읽는 어린이들과 함께 주변에서 다른 사람의 권리나 생명을 무시한 일을 보거나 겪은 일이 있었는지 이야기를 나누면서 생명의 귀중함을 깨닫게 해 주세요.

그리고 내가 간디라면 인도인의 권리를 찾기 위해 어떻게 행동했을지 자신의 생각을 말하게 한 뒤 간디의 '비폭력' 운동과 견주어 비교해 보도록 지도해 주시기 바랍니다.

머리말

간디는 겁 많은 소년이었습니다. 하지만 자신이 옳다고 믿는 일은 끝까지 밀고 나가는 끈기 있는 아이였습니다.

간디는 백인들에게 멸시받는 인도인들의 권리를 찾기 위해 싸웠습니다. 그리고 종교가 다르다는 이유로 서로 다투는 사람들을 화해시키기 위해 싸우기도 했습니다.

하지만 결코 폭력은 사용하지 않았습니다. 그는 평화적인 방법으로만 싸웠습니다.

간디가 사용한 이 무기는 세상 어떤 무기보다도 강력합니다.

이 무기의 이름은 바로 '비폭력'입니다. 단식과 행진이라는 방법은 누구도 다치게 하지 않으면서 자신이 주장하는 바를 사람들에게 알려 줍니다. 이러한 방법으로 간디는 인도인들의 권리를 찾아 줄 수 있었습니다.

글쓴이 정성란

차 례

'난 왜 이렇게 겁이 많을까?'

간디는 한숨을 푹 쉬었습니다. 밤이 되고 어두워지면 무서워서 잠을 잘 수가 없었습니다. 숨어 있던 귀신이 나올 것 같고, 도둑이 문을 열고 들어오는 것 같았습니다. 또 어디선가 뱀이 나와 콱 물 것만 같아서 밤새 잠을 못 잤습니다. 밤마다 머리맡에 등을 켜 두어야만 잠을 잘 수 있었습니다.

'메타브가 부럽다. 메타브는 키도 크고 뱀을 손으로 쥘 수도 있다던데, 난 왜 이렇게 키도 작고 용기도 없을까?'

간디는 메타브를 볼 때마다 겁쟁이 같은 자신이 부끄러웠습니다.

"간디, 내가 이렇게 힘이 센 건 고기를 먹기 때문이야. 너도 고기를 먹어 봐."

"고기?"

힌두교의 가르침을 충실히 따르는 간디의 부모님은 한 번도 고기를 식탁에 올린 적이 없었습니다.

'내가 고기를 먹으면 부모님이 충격을 받아 쓰러지실 거야.'

간디는 고개를 저었습니다.

"영국 사람들을 봐. 힘도 세고 키도 장대같이 크지? 그 비밀은 바로 고기를 먹는 데 있다고. 우리나라 사람들이 모두 고기를 먹으면 영국인들도 이길 수 있어. 우리 인도가 영국의 지배에서 벗어나려면 고기를 먹어야 해."

메타브는 간디를 만날 때마다 고기를 먹으라고 했습니다.

'그래, 나도 고기를 먹어야겠다. 그러면 메타브처럼 키도 크고 힘도 세질 거야.'

간디는 마침내 고기를 먹기로 결심했습니다.

간디는 메타브를 따라 강가로 갔습니다. 사람들이 없는 외딴곳에 이르자 메타브는 준비해 온 고기를 꺼냈습니다.

"자, 염소 고기야. 처음엔 맛이 없겠지만 자꾸 먹다 보면 너도 좋아하게 될 거야."

메타브는 고기를 조금 떼어 자신이 먼저 먹어 보였습니다.

아주 맛있게 고기를 먹은 메타브는 간디에게도 고기를 권했습니다. 간디는 잠시 망설이다가 눈을 딱 감고 고기를 입에 넣었습니다.

"윽! 맛도 이상하고 가죽처럼 질겨."

간디는 더 이상 먹을 수가 없었습니다.

그날 밤 간디는 잠을 이룰 수가 없었습니다. 몸속에서 염소가 자꾸만 '매애' 하고 우는 것 같았습니다.

하지만 용감해지고 싶다는 생각에 간디는 계속 고기를 먹었습니다. 그러다가 결국 고기를 사기 위해 빚까지 지게 되었습니다.

간디는 빚을 갚기 위해 형의 황금 팔찌를 조금 잘라 팔았습니다. 빚은 갚았지만 간디의 마음은 괴로웠습니다.

'나는 죄를 지었어. 힌두교 신자로서 고기를 먹는 것은 아주 큰 죄악이야. 게다가 도둑질까지 했잖아.'

간디는 너무나 괴로웠습니다.

며칠을 고민하던 간디는 아버지께 죄를 고백하고 용서를

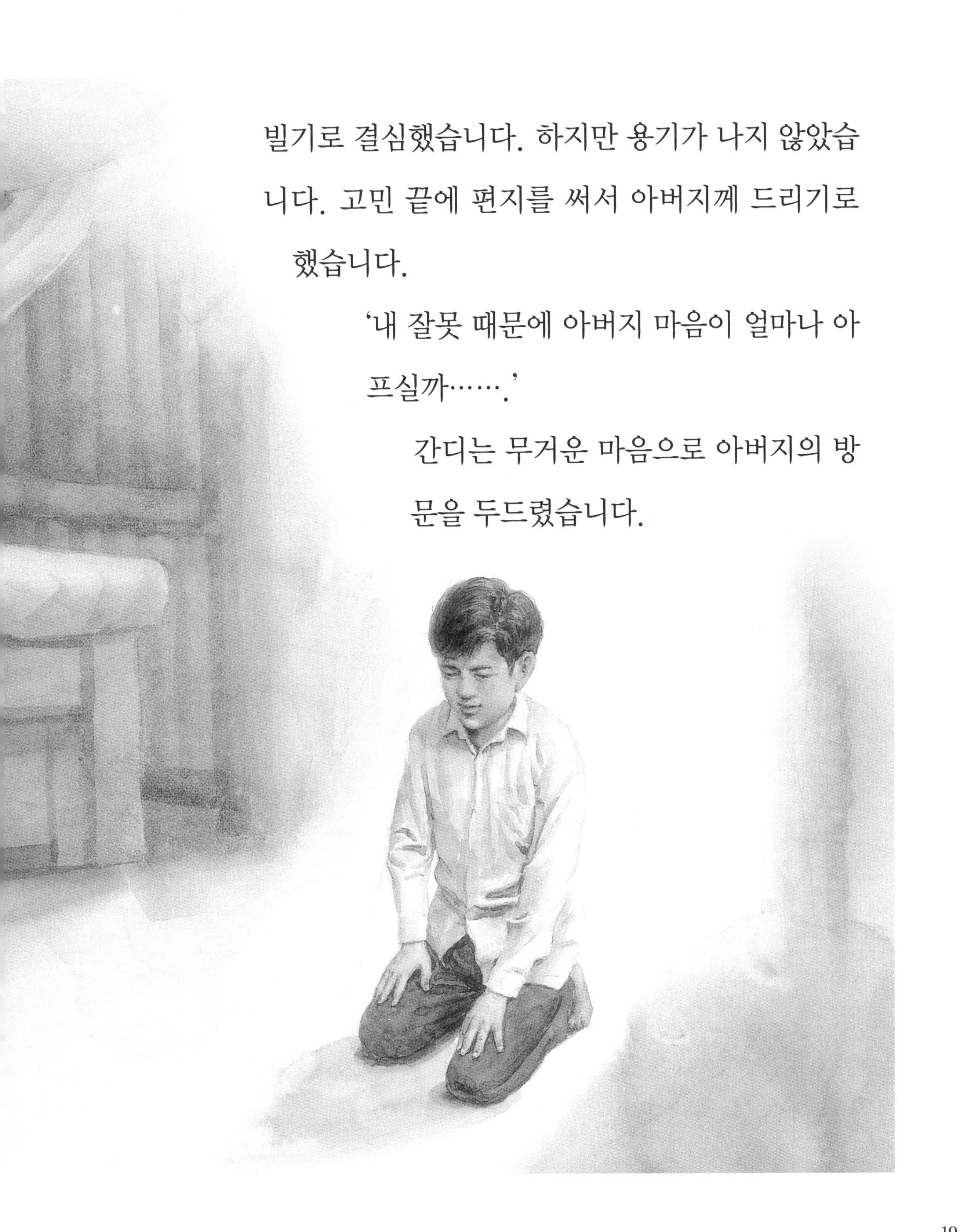

빌기로 결심했습니다. 하지만 용기가 나지 않았습니다. 고민 끝에 편지를 써서 아버지께 드리기로 했습니다.

'내 잘못 때문에 아버지 마음이 얼마나 아프실까…….'

간디는 무거운 마음으로 아버지의 방문을 두드렸습니다.

"아버지……."

몸이 아파 누워 있던 아버지는 막내아들을 보자 미소를 지었습니다. 간디는 떨리는 손으로 아버지께 편지를 내밀었습니다. 괴로운 표정으로 편지를 읽어 나가던 아버지의 눈에서 눈물이 떨어졌습니다.

"아버지, 잘못했습니다. 저를 때려 주세요."

간디는 고개를 푹 숙인 채 눈물을 흘리며 용서를 빌었습니다. 그러나 아버지는 간디를 때리기는커녕 편지를 쭉 찢었습니다. 아들을 용서한 것입니다.

"아버지……."

간디는 한없이 큰 아버지의 사랑에 엉엉 울고 말았습니다.

"자네도 할아버지나 아버지처럼 총리가 되고 싶지 않은가? 그러려면 변호사가 되게."

간디 집안을 위해 늘 좋은 말을 해 주시는 어르신이 말했습니다. 간디는 어르신의 충고에 따라 영국으로 변호사 공부를 하러 떠나기로 결심했습니다.

하지만 어머니가 반대했습니다.

"안 된다. 영국에 가면 술과 고기를 먹어야 한다면서? 그건 종교적 가르침에 어긋나는 일이야."

어머니는 결사반대했습니다. 어머니는 종교의 가르침을 지키는 일을 목숨처럼 생각했습니다.

“어머니, 전 꼭 가고 싶어요. 보내 주세요. 걱정 끼치지 않을게요.”

며칠 동안 고민하던 어머니는 간디에게 사제 앞에서 엄숙히 맹세한다면 유학을 허락하겠다고 했습니다.

"저 모한다스 카람찬드 간디는 신 앞에 맹세합니다. 앞으로 절대 고기를 먹지 않겠습니다. 술도 마시지 않겠습니다."

그제야 어머니는 영국 유학을 허락했습니다.

간디는 유학 비용을 마련하기 위해 가구를 팔고, 아내의 결혼 패물까지 팔아야 했습니다. 간디는 이 사실을 잊지 않고 영국에 가서도 절약하면서 생활했습니다. 공부도 매우 열심히 했습니다. 어머니와의 약속을 지키기 위해 고기와 술, 담배는 입에 대지도 않았습니다. 친구들은 고기를 먹지 않는 간디를 보며 이상하다는 듯 물었습니다.

"간디, 왜 고기를 안 먹지? 영국에서는 고기를 안 먹고는 건강하게 지낼 수 없어."

"어머니께 술과 고기를 안 먹겠다고 맹세했거든."

"어머니는 먼 인도에 계시잖아. 네가 고기를 먹는다고 해도 어머니가 아실 리 없어."

"어머니가 모르신다고 해서 약속을 어길 수는 없어."

친구의 권유에도 간디는 끝까지 고기를 먹지 않았습니다.

간디는 야채만으로 음식을 만들어 파는 식당을 발견했습니다. 그곳에서 얘기가 잘 통하는 친구들도 만날 수 있었습니다. 친구들 덕분에 간디는 힌두교 이외의 다른 종교에도 관심을 갖게 되었습니다. 덕분에 간디는 모든 종교를 존중하게 되었고, 이러한 태도는 간디의 사상에 큰 영향을 미쳤습니다.

1891년, 간디는 좋은 성적으로 변호사 자격 시험을 통과했습니다. 드디어 꿈에 그리던 변호사가 된 것입니다. 간디는 무척 기뻤습니다.

6월 12일, 간디는 배에 올랐습니다.

'아, 드디어 인도로 돌아가는구나. 어머니와 아내가 얼마나 좋아할까? 모두들 나를 기다리고 있겠지?'

간디는 여러 가지 생각으로 마음이 들떴습니다.

영국을 출발할 때 좋았던 날씨는 인도로 돌아가는 작은 배로 갈아탈 무렵 폭풍우가 몰아치는 날씨로 바뀌었습니다. 폭풍우는 뭄바이에 도착할 때까지 계속되었습니다.

배에서 내리자 형이 보였습니다. 그런데 어머니의 모습이

간디 | 인도 독립 운동의 정신적 지도자인 마하트마 간디. 사진은 간디의 모습을 본뜬 밀랍 인형입니다.

보이지 않았습니다.

"형님, 어머니는 안 나오셨나요?"

간디의 물음에 형의 얼굴이 어두워졌습니다.

"어, 어머니는…… 돌아가셨단다."

간디는 큰 충격을 받았습니다.

"네가 공부를 포기하고 귀국할까 봐 일부러 알리지 않았다. 어머니도 그건 바라지 않으셨을 거야."

간디는 사랑하는 어머니의 죽음에 마음 깊은 곳에서 큰 슬픔을 느꼈습니다. 누구에게나 늘 다정했고, 믿음이 깊은 어머니였습니다.

간디의 눈에 눈물이 맺혔습니다.

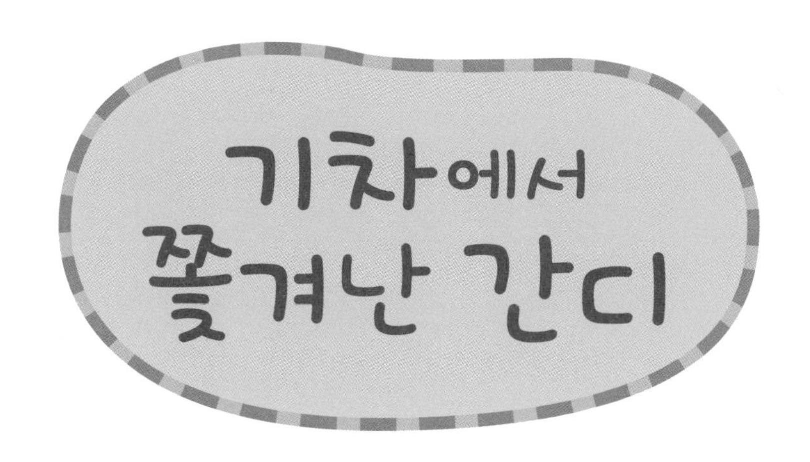

간디는 인도에 돌아와 변호사 사무실을 차렸습니다.

그런데 처음으로 맡은 사건에서 그만 실수를 하고 말았습니다. 재판에서 진 것입니다. 수줍음을 많이 타는 성격 때문에 간디는 여러 사람 앞에 서면 너무 떨려서 말을 잘 할 수가 없었습니다.

간디는 풀이 죽어 있었습니다. 시무룩해 있는 간디에게 형이 편지 한 장을 들고 찾아왔습니다.

"간디, 너 남아프리카에 가지 않을래? 그곳에서 회사를 운

영하는 인도인이 있는데, 변호사가 필요하다는구나."

편지를 읽어 본 간디는 남아프리카로 떠나기로 결심했습니다. 재판에서 진 것이 창피하기도 했지만, 다른 나라에 대한 호기심도 있었기 때문이었습니다.

인도를 떠난 배는 한 달 만에 남아프리카에 도착했습니다. 그곳에 도착한 지 얼마 지나지 않아 간디는 회사 일로 기차를 타게 되었습니다. 회사에서 일등석 기차표를 사 준 덕분에 편안한 여행을 할 수 있으리라 기대하면서 간디는 기차에 올랐습니다.

기차가 어느 도시에 이르렀을 때였습니다.

"이봐, 쿨리(인도인들을 멸시해서 부르는 말.)가 왜 여기 앉아 있어?"

한 백인 승객이 다가오더니 눈을 부릅떴습니다.

"난 일등석 표를 갖고 있소."

간디가 기분이 상해서 대꾸했습니다.

"그래도 일등칸에는 탈 수 없어."

"이것 보시오. 난 분명 일등석 표를 갖고 있단 말이오."

간디는 어이가 없어 자신의 표를 보여 주었습니다.

"표가 있으면 뭐해! 넌 피부색이 검잖아. 여긴 백인들만 타는 칸이야. 계속 그렇게 버티면 경찰을 부르겠어!"

"어디 경찰을 불러 보시오. 난 못 나가겠소!"

간디는 화가 나서 소리쳤습니다.

그러자 그 백인은 정말 경찰을 데려왔습니다. 그런데 경찰은 간디를 도와주기는커녕 밖으로 쫓아냈습니다.

"짐은 보관할 테니 찾아가든지 말든지 맘대로 해!"

기차에서 쫓겨난 간디는 생전 처음 당한 엄청난 모욕 때문에 정신을 차릴 수가 없었습니다.

'피부가 희지 않다는 이유 때문에 이런 대접을 받아야 하다니. 그동안 인도인들은 이곳에서 짐승 같은 대접을 받으며 살아왔구나…….'

외투가 짐 속에 있었지만 모욕감 때문에 짐을 찾으러 갈 생각도 나지 않았습니다.

간디는 꼼짝도 하지 않고 춥고 어두운 대합실에서 밤새 생각에 잠겼습니다.

'인도로 돌아가 버릴까?'

하지만 그는 곧 고개를 가로저었습니다.

'이건 병이야! 피부색이 다르다는 것 때문에 남을 무시하고 경멸하는 것이 병이 아니고 무엇이란 말인가! 반드시 이 병을 고치고 말겠어. 난 이곳에 남아 어떤 고난이 닥치더라도 다 받아들이겠어!'

간디는 인도에 돌아가지 않기로 결심했습니다.

실물 크기의
간디 밀랍 인형

"그 얘기 들었어요? 트란스발 정부가 '아시아인 법'을 만들었다는 얘기 말이에요."

남아프리카의 인도인들 사이에서는 새로 생긴 아시아인 법 때문에 걱정이 많았습니다. 인도 사람은 의무적으로 지문을 찍고 등록증을 받아야 하며, 등록증이 없는 인도인은 쫓겨나거나 감옥에 갈 수도 있다니, 정말 어이가 없었습니다.

간디는 인도인들이 모인 자리에서 연설을 했습니다.

"여러분, 아시아인 법은 우리 인도인들을 내쫓기 위한 법입

니다. 열 손가락의 지문을 찍는 것은 범죄자한테나 요구하는 것이 아닙니까? 이런 나쁜 법에 굴복하느니 차라리 법을 어깁시다!"

"나쁜 법은 지키지 않겠습니다. 감옥에 가는 것도 두렵지 않습니다!"

그곳에 모인 사람들이 모두 소리쳤습니다.

간디는 사람들과 함께 이 투쟁을 '사티아그라하'라 이름 붙였습니다. 비폭력 저항 운동을 의미하는 말이었습니다.

트란스발 정부는 등록증이 없는 인도인들을 잡아다 감옥에 가두었습니다. 간디도 체포되어 감옥에 갇혔습니다. 얼마 지나지 않아 감옥은 인도인들로 꽉 차게 되었습니다. 그러자 트란스발 정부는 당황했습니다.

정부 대표인 스뫼츠 장군이 간디에게 제안했습니다.

"간디 씨, 인도인들이 등록을 하면 그 즉시 아시아인 법은 없앨 테니 등록을 받아들이는 게 어떻겠소?"

간디는 감옥에 갇힌 다른 사람들과 그 제안에 대해 검토하

고 의논해 보았습니다. 대부분의 사람들이 스뫼츠 장군을 한 번 믿어 보자고 했습니다.

"좋습니다. 약속을 꼭 지켜 주시오."

간디는 장군과의 약속을 지키기 위해 등록증을 가장 먼저 만들었습니다. 하지만 장군은 약속을 지키지 않았습니다. 법은 폐지되지 않았던 것입니다.

"여러분, 정부는 약속을 지키지 않았습니다. 그러니 우리도 이 등록증을 불태워 버립시다."

간디는 등록증을 불 속에 던졌습니다.

모여 있던 2천여 명의 사람들도 모두 등록증을 불에 던져 넣었습니다. 불은 활활 타올랐습니다. 얼마 지나지 않아 등록증은 재로 변했습니다.

간디는 또다시 체포되어 감옥에 갇혔습니다.

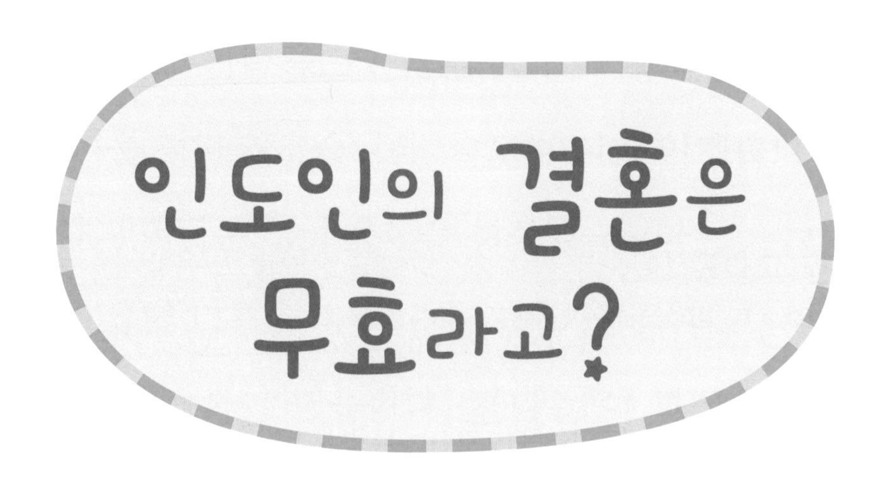

간디가 감옥에서 나온 지 얼마 지나지 않았을 때였습니다. 또다시 인도인들을 화나게 하는 일이 벌어졌습니다. 최고 법원(사법부의 최고 기관)에서, 남아프리카에서는 기독교 신자의 결혼만 인정한다는 판결을 내렸던 것입니다.

"힌두교 신자와 이슬람교 신자의 결혼은 전부 무효라고?"

"세상에 이런 법이 어디 있어!"

남아프리카에 살고 있던 인도인들은 모두 힌두교 신자와 이슬람교 신자였습니다. 그런데 힌두교와 이슬람교를 믿는

사람들의 결혼이 무효라니, 사람들은 몹시 놀라고 화가 났습니다. 화가 나서 참을 수가 없었습니다.

“여러분, 법을 어깁시다! 그것으로 우리가 화났다는 걸 보여 줍시다!”

“다른 지역까지 걸어서 갑시다. 우리는 등록증이 없으니 다른 지역으로 가기만 해도 법을 어기는 게 되니까요!”

인도인들은 한데 모여 다른 지역까지 행진하기로 했습니다.

간디가 모인 사람들 앞에서 말했습니다.

"우리는 곧 붙잡혀 감옥에 갈 것입니다. 그러니 이제라도 마음이 흔들리는 사람은 돌아가도 좋습니다!"

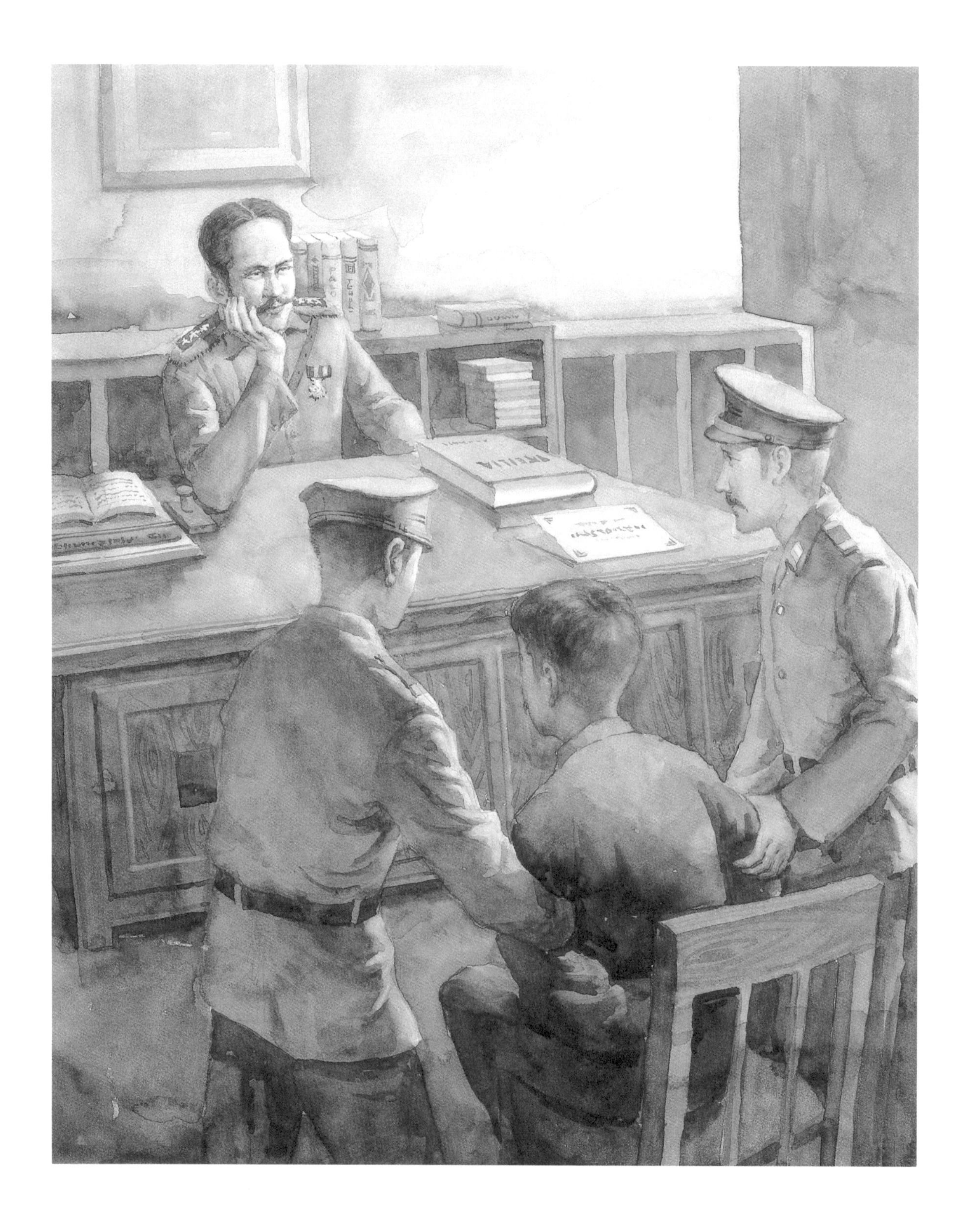

그러나 돌아가는 사람은 단 한 명도 없었습니다.

무려 2천 명이나 되는 사람들이 간디를 따랐습니다. 간디는 맨 앞에서 이들을 이끌었습니다. 남자, 여자, 어린이까지 포함된 이 행진은 '평화의 군대'라 부를 만했습니다.

나흘간의 순례가 끝나고 간디는 체포되었습니다.

간디는 스뫼츠 장군과 다시 마주 앉게 되었습니다.

"지금 장군은 백인 철도 노동자들 때문에 어려운 상황에 처해 있다는 것을 잘 알고 있습니다. 그 곤혹스러운 상황을 이용할 생각은 조금도 없습니다. 우리는 그 상황이 마무리된 후에 저항 운동을 계속할 것입니다."

간디의 말을 들은 스뫼츠 장군은 깜짝 놀랐습니다.

남아프리카의 백인 철도 노동자들은 정부가 곤경에 처한 상황을 이용해 일부러 파업을 벌이고 있었습니다. 그런데 간디는 정부가 곤경에 처한 때를 피하겠다니, 백인들과 너무도 다른 태도였습니다.

스뫼츠 장군은 이 일로 간디를 다시 보게 되었습니다.

간디 동상 | 간디는 비폭력, 무저항, 불복종, 비협력주의에 의한 독립 운동을 지도하여, '위대한 영혼'이라는 뜻의 '마하트마'라고도 부릅니다.

1914년 6월 30일, 간디는 다시 스뫼츠 장군과 마주 앉았습니다.

"당신은 정말 대단한 사람이오, 간디."

스뫼츠 장군은 힌두교 신자와 이슬람교 신자의 결혼을 인정하고, 증명서를 가진 인도인은 어디든 마음대로 갈 수 있는 권리를 주기로 결정했다고 말했습니다.

드디어 인도인들은 남아프리카에서 기본적인 권리를 갖게 되었습니다.

1915년, 간디는 22년 만에 인도로 돌아왔습니다.

간디는 기차를 타고 인도의 구석구석을 여행했습니다. 남아프리카에서 오래 살아 고국의 사정에 대해서는 잘 모르기 때문이었습니다. 기차는 늘 삼등칸을 탔습니다. 서양식 바지와 셔츠도 벗어 버리고, 힌두교 옷을 입었습니다.

간디는 여러 도시와 시골 마을을 찾아갔습니다. 인도인들의 생활은 비참하기 이를 데 없었습니다. 특히 불가촉천민(인도에서 가장 낮은 신분의 사람들)의 생활은 말로 표현하기 어려

울 정도였습니다.

인도에는 옛날부터 네 개의 카스트(계급)가 있었습니다. 브라만(승려), 크샤트리아(귀족과 무사), 바이샤(평민), 수드라(노예)가 그것입니다. 이 카스트는 조상으로부터 물려받는 것으로 개인의 힘으로는 바꿀 수가 없었습니다. 이 네 계급 어디에도 못 드는 사람이 불가촉천민이었습니다.

불가촉천민들은 마을 구석진 곳에 따로 모여 살았습니다. 이들은 사람들이 가장 하기 싫어하는 화장실 청소 같은 일들을 도맡아 하면서도 온갖 멸시를 받으며 살아야 했습니다. 간디는 불가촉천민에 대한 이런 태도를 고쳐야 한다고 생각했습니다.

'내가 먼저 모범을 보이면 사람들도 생각을 바꾸겠지.'

간디는 직접 화장실 청소를 했습니다. 그뿐만이 아니었습니다. 불가촉천민의 딸을 자신의 딸로 입양까지 했습니다. 그러자 간디에게 도움을 주던 사람들이 돌아섰습니다. 간디와 같은 계급인 바이샤에 속하는 이들은 간디를 무척 존경하고

있었습니다. 그런 이들이 간디에게 등을 돌린 것만 봐도 인도 사회에서 불가촉천민에 대한 차별이 얼마나 심했는지 알 수 있는 일이었습니다.

간디의 아내 카스투르바이도 불만을 나타냈으나 간디는 단호했습니다.

"당신은 우리가 남아프리카에서 백인들로부터 멸시받았던 일을 벌써 잊었소? 이제 당신도 당신보다 못한 사람들을 멸시하려는 거요?"

카스투르바이는 할 말이 없었습니다.

"나는 불가촉천민이라고 무시당하는 저들을 하리잔(신의 자식)이라고 부르겠습니다. 하리잔들은 수많은 멸시와 모욕을 참아 내며 살아온 착한 사람들입니다."

간디가 모범을 보이며 불가촉천민들을 정중하게 대하자 그들을 멸시하던 사람들의 태도도 조금씩 변해 갔습니다.

인도에서 최초로 노벨 문학상을 받은 시인 타고르는 이러한 간디의 모습을 보고 '마하트마(위대한 영혼)'라 부르며 탄복했습니다. 간디가 하는 일은 아무나 할 수 있는 일이 아니었기 때문입니다.

간디는 전국에 '비협력 운동'을 선언했습니다. 인도인들은 더 이상 영국에 협력하지 않겠다는 뜻이었습니다.

"외국에서 들여온 옷을 입지 맙시다. 하루에 30분만 물레를 돌리면 됩니다. 우리 손으로 옷감을 짜서 옷을 만들어 입읍시다."

간디가 직접 물레를 돌리며 모범을 보이자 많은 사람들이 간디를 따라 물레를 돌려 옷감을 짰습니다. 간디의 옷은 점점 소박해져 갔습니다. 물레를 돌려 자기가 입을 옷감을 짜는 일

옷감을 짜는 간디 | 간디는 영국을 향한 비협력 운동의 하나로, 직접 물레를 돌려 옷감을 짜서 옷을 지어 입었습니다.

은 영국에 반대한다는 항의 표시이기도 했고, 인도의 생활과 경제를 살리는 일이기도 했습니다. 간디는 이후로 자신이 물레질을 해서 만든 옷만 입었습니다.

간디는 또 '소금법'을 폐지하라고 정부에 요구했습니다.

"사람은 소금 없이 살 수 없습니다. 그런데 정부는 소금을 아무나 만들지 못하게 하고 정부에서만 만들어 가난한 사람들에게 비싼 값에 팔아 이익을 거두고 있습니다. 여러분, 우리가 소금을 직접 만들어 먹읍시다."

간디는 소금법에 대항하는 운동을 펼쳐 나가기로 했습니다. 이 운동을 인도의 독립을 이루어 내는 출발점으로 삼아야겠다고 생각한 것입니다.

간디는 사람들과 함께 바닷가의 단디 지방을 향해 역사적인 행진을 시작했습니다. 행렬은 먼지와 더위 속에서 여러 마을을 지나갔습니다.

"우리 목을 조르는 나쁜 법들은 휴지통에 집어넣어야 합니다. 우리가 고난을 달게 받을수록 우리 인도의 독립은 앞당겨질 것입니다."

78명으로 시작한 행진이 단디에 도착할 무렵에는 수천 명

으로 늘어나 있었습니다. 예순한 살의 노인이 된 간디가 지팡이에 의지해 평화 행진을 하는 모습은 전 세계 많은 사람으로부터 관심과 동정을 불러일으켰습니다.

간디는 행진을 시작한 지 24일 만에 목적지에 도착했습니다. 단디 해안에 도착한 간디는 몸을 씻은 다음 주전자에 바닷물을 넣고 끓여 소금을 만들었습니다.

"간디 만세!"

"독립 인도 만세!"

사람들은 기쁨에 차서 소리쳤습니다. 간디는 소금 한 줌을 집어 들었습니다. 이 단순한 행동으로 간디는 소금법을 어긴 것이 되었습니다. 간디는 또다시 체포되어 감옥에 갇혔습니다. 간디뿐만 아니라 소금법을 어긴 많은 사람들 역시 감옥에 갇혔습니다. 감옥은 인도인들로 꽉 찼습니다. 경찰이 휘두르는 몽둥이에 맞으면서도 사람들은 누구 하나 맞서 때리거나 저항하지 않았습니다.

평화 행진 소식을 접한 사람들은 두려움 없는 간디와 인도

대형 빨래터 | 인도 뭄바이 시내의 도비 가트 모습입니다. 도비 가트는 '빨래하는 사람'이라는 뜻을 가지고 있습니다. 카스트 계급 중 가장 낮은 계급으로서 대물림으로 남의 빨래를 해 주며 살아가는 빈민층입니다.

인들의 행동에 감탄했습니다. 평화롭게 행진하는 사람들을 마구 때리고 감옥에 가둔 영국에 대한 비난이 전 세계에서 빗발쳤습니다. 영국 정부는 당황했습니다.

"간디를 그대로 두면 사람들이 더욱 똘똘 뭉칠 것입니다."

정부는 서둘러 간디를 석방했습니다. 그리고 바닷가에 사는 주민들이 소금을 만들 수 있도록 허락해 주었습니다. 간디의 '비폭력 운동'이 남아프리카에서뿐만 아니라 인도에서도 그 힘을 증명해 보인 것입니다. 영국은 이제 인도를 마음대로 지배할 수 없었습니다.

1947년 8월 15일, 인도는 영국으로부터 독립했습니다. 영국의 지배를 받은 지 200년 만이었습니다. 그러나 완전한 독립은 아니었습니다. 두 나라, 즉 힌두교의 인도와 이슬람교의 파키스탄으로 나뉘어 독립을 한 것입니다. 인도의 총리는 네루가, 파키스탄의 총리는 진나가 맡게 되었습니다.

"독립보다 더 중요한 것은 우리가 하나 되는 것입니다."

간디는 인도가 둘로 나뉜 것을 슬퍼하며 탄식했습니다. 그래서 독립 기념식에도 참석하지 않고 평화를 기원하며 물레

질을 했습니다.

독립은 했지만 힌두교 신자와 이슬람교 신자 사이의 싸움은 그치지 않았습니다. 인도의 수도 델리에 사는 이슬람 신자들은 하루하루 불안한 나날을 보내야만 했습니다. 어제까지 친한 이웃이었던 힌두교 신자들의 공격으로 재산을 잃고 목숨까지 위협을 받았기 때문이었습니다.

"이웃을 공격하다니, 이럴 수가 있습니까?"

간디는 힌두교 신자들에게 이슬람교 신자들을 사랑으로 위로해야 한다고 호소했습니다.

간디의 말에 힌두교 신자들은 왜 이슬람교 신자들을 편드느냐고 따지며 거세게 항의했습니다.

힌두교 신자들과 이슬람교 신자들의 싸움은 나날이 거칠어져 갔습니다.

간디는 끝없는 폭력 사태 때문에 괴로웠습니다.

"델리에 평화가 찾아올 때까지 음식을 먹지 않겠습니다."

고민 끝에 간디는 이렇게 선언했습니다. 얼마 전에도 콜카

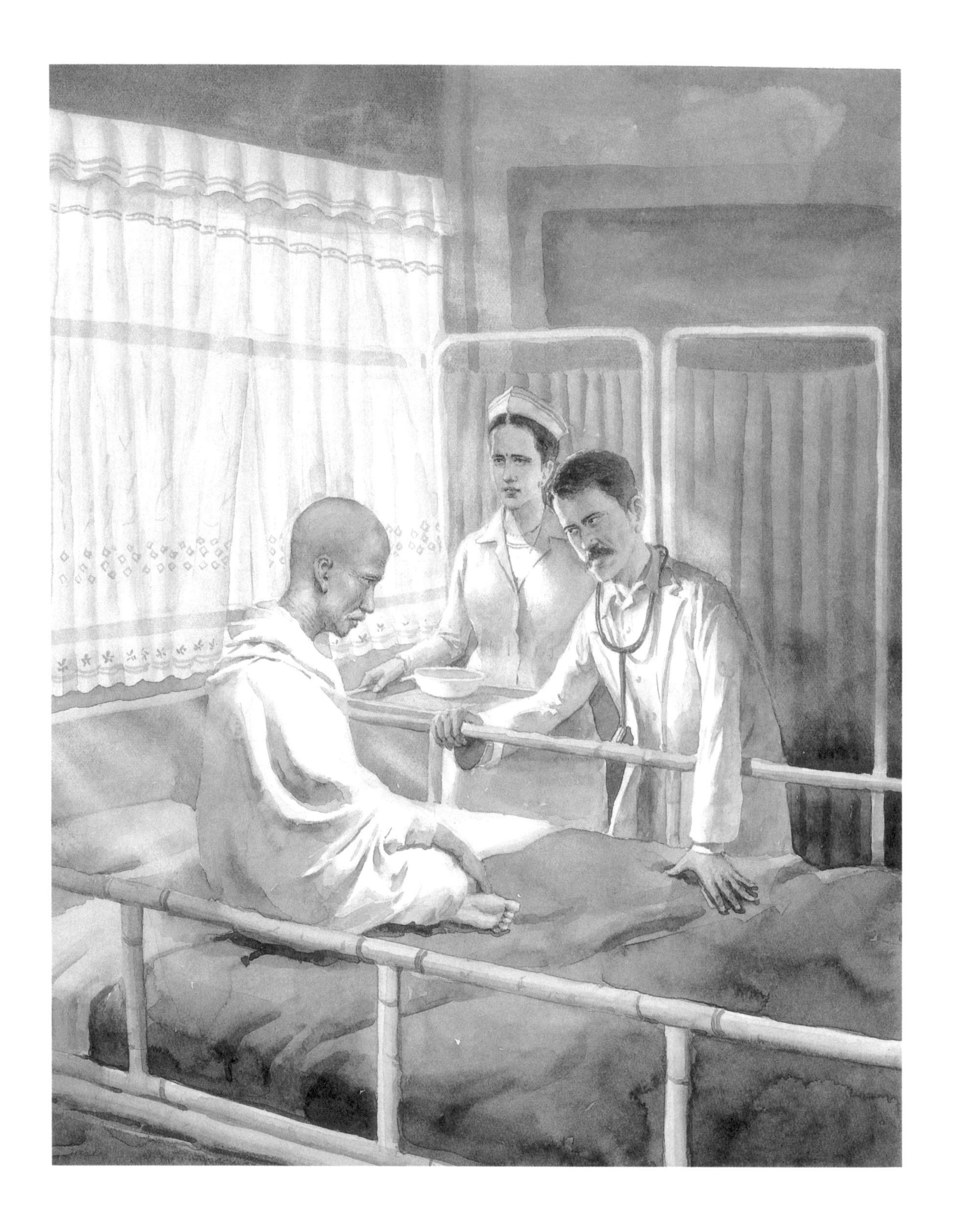

타(옛 캘커타)에서 폭력 사태 때문에 단식을 했던 간디였습니다. 사람들은 간디의 건강이 염려되었습니다. 아니나 다를까, 단식 사흘째가 되자 간디는 자리에서 일어나기도 힘든 상태가 되었습니다.

"단식을 중단하십시오. 계속 음식을 거부하면 목숨이 위험합니다."

의사가 걱정스런 얼굴로 말했습니다.

"힌두교 신자와 이슬람교 신자들이 평화의 정신으로 싸움을 그만둔다면 음식을 먹겠습니다. 그렇게만 된다면 나는 죽어도 여한이 없습니다."

간디가 단식을 계속할수록 싸움은 조금씩 줄어들었습니다. 그러나 단식을 시작한 지 닷새째에 이르자 간디의 신장에 이상이 생겼습니다. 의사들은 불안해하며 제발 음식을 먹으라고 간청했습니다.

다행히 다음 날 종교 집단 대표들이 간디를 찾아왔습니다. 그들은 서로 평화롭게 지내겠다고 약속하고, 간디에게 단식을 끝낼 것을 호소했습니다.

대표들이 서로 모여 평화를 약속하자 사람들도 싸움을 그쳤습니다. 그제야 간디는 단식을 중단했습니다.

단식을 끝내자마자 간디는 매일 기도회를 열었습니다. 하지만 건강이 나빠져 다른 사람의 부축을 받아야만 기도회장에 갈 수 있었습니다.

1948년 1월 30일, 간디는 여느 때처럼 아침 일찍 일어나 바쁜 하루를 시작했습니다. 그리고 저녁이 되자 기도회를 이끌기 위해 기도회장으로 들어갔습니다.

간디가 걸음을 떼어 놓자 사람들이 길을 터 주며 고개를 숙였습니다. 간디 역시 두 손을 합장하는 힌두식 인사로 답했습니다.

그 순간 한 젊은 남자가 뛰어나와 품속에 숨겨 두었던 총을 꺼냈습니다. 그는 간디가 이슬람교 신자들을 편든다고 생각해 간디를 미워하고 있었습니다.

탕! 탕! 탕!

간디의 묘 | 인도 뉴델리에 있는 간디의 묘입니다. 그는 힌두교 식으로 화장되어 육신은 남아 있지 않지만, 그에게 참배하고 싶어하는 인도인들의 소망을 받아들여 인도 정부에서 공원과 묘를 만들었습니다.

간디는 총을 맞고 바닥에 쓰러졌습니다.

"오, 신이시여……."

간디는 이 말을 남기고 숨을 거두었습니다.

온 국민이 슬퍼하는 가운데 간디의 시신은 화장되었습니다. 사람들은 눈물을 흘리며 '인도의 아버지' 간디의 마지막 가는 길을 배웅했습니다.

간디의 삶

연 대	발 자 취
1869년(0세)	10월 2일, 포르반다르에서 태어나다.
1882년(13세)	카스투르바이 마칸지와 결혼하다.
1887년(18세)	런던으로 유학을 가서 법률을 배우다.
1891년(22세)	런던에서 변호사 자격을 얻어 인도로 돌아오다.
1893년(24세)	남아프리카로 향하다.
1909년(40세)	'아시아인 법' 문제로 런던에 가다.
1914년(45세)	아시아인 법을 개정하고, 아시아인의 권리를 찾다.
1915년(46세)	22년 만에 귀국하다. 불가촉천민을 '하리잔'이라 부르며 그들의 인권을 찾아주기 위해 노력하다.
1920년(51세)	인도 가정에 물레 사용을 권하다.
1930년(61세)	'소금 행진'을 하다가 체포되어 감옥에 갇히다.
1932년(63세)	힌두교 신자와 하리잔을 분리시킨 선거에 반대하며 단식하다.
1933년(64세)	하리잔을 위한 운동을 벌이다.
1942년(73세)	인도의 완전한 독립을 요구하며 영국에 대한 불복종 운동을 시작하다.
1947년(78세)	인도가 파키스탄과 인도로 분리 독립되다. 벵골에서 이슬람교와 힌두교의 화해를 위해 단식하다.
1948년(79세)	1월 30일, 힌두교 신자 나투람 고드세에 의해 암살당하다.

읽으며 생각하며!

1. 인도는 계급 사회입니다. 인도에서 가장 낮은 신분으로, 불가촉천민이라 불리는 사람은 누구일까요?

2. 다음은 간디가 소금법 폐지를 위해 한 말입니다. 간디와 사람들은 소금을 만들기 위해 어디로 갔나요?

"사람은 소금 없이 살 수 없습니다. 그런데 정부는 소금을 아무나 만들지 못하게 하고 정부에서만 만들어 가난한 사람들에게 비싼 값에 팔아 이익을 거두고 있습니다. 여러분, 우리가 소금을 직접 만들어 먹읍시다."

간디는 소금법에 대항하는 운동을 펼쳐 나가기로 했습니다. 이 운동을 인도의 독립을 이루어 내는 출발점으로 삼아야겠다고 생각한 것입니다.

3. 인도의 시인 타고르가 간디의 수많은 업적을 기리고 이를 칭송하여 '위대한 영혼'이라는 뜻으로 부른 이름은 무엇입니까?

4. 다음 글을 읽고 신분 제도에 대해 어떻게 생각하는지 여러분의 의견을 써 보세요.

인도에는 옛날부터 네 개의 카스트(계급)가 있었습니다. 브라만(승려), 크샤트리아(귀족과 무사), 바이샤(평민), 수드라(노예)가 그것입니다. 이 카스트는 조상으로부터 물려받는 것으로, 개인의 힘으로는 바꿀 수가 없었습니다.

이 네 계급 어디에도 못 드는 사람이 불가촉천민이었습니다. 불가촉천민들은 마을 구석진 곳에 따로 모여 살았습니다. 이들은 사람들이 가장 하기 싫어하는 화장실 청소 같은 일들을 도맡아 하면서도 온갖 멸시를 받으며 살아야 했습니다.

5. 간디는 공부를 모두 마치고 인도로 돌아가서야 비로소 어머니가 돌아가셨다는 소식을 듣게 됩니다. 간디가 공부를 포기할까 봐 어머니의 죽음을 알리지 않은 것이지요. 이처럼 깊고 넓은 부모님의 사랑을 느낄 수 있었던 일을 떠올리고, 그때 어떤 기분이 들었는지 써 보세요.

6. 남아프리카에 간 간디는 아시아인이라는 이유로 멸시를 당합니다. 여러분이 이런 일을 겪었다면 어떤 마음이 들었을까요? 그리고 우리와 피부색이 다른 사람들을 어떻게 대해야 할까요?

"이봐, 쿨리(인도인들을 멸시해서 부르는 말.)가 왜 여기 앉아 있어?"

한 백인 승객이 다가오더니 눈을 부릅떴습니다.

"난 일등석 표를 갖고 있소."

간디가 기분이 상해서 대꾸했습니다.

"그래도 일등칸에는 탈 수 없어."

"이것 보시오. 난 분명 일등석 표를 갖고 있단 말이오."

간디는 어이가 없어 자신의 표를 보여 주었습니다.

"표가 있으면 뭐해! 넌 피부색이 검잖아. 여긴 백인들만 타는 칸이야. 계속 그렇게 버티면 경찰을 부르겠어!"

7. 간디는 말로만 가르친 것이 아니라 몸소 행동으로 보여 주어 사람들로 하여금 스스로 깨닫게 했습니다. 여러분 입장에서 모범을 보여 주어 가르쳐야 할 대상은 누구일지 생각해 보세요.

1. 하리잔

2. 단디 바닷가

3. 마하트마

4. 예시 : 신분에 따라 차별 대우를 받는다는 것은 옳지 않다. 아무리 신분이 높아도 능력이 없을 수 있고, 신분이 낮아도 뛰어난 능력을 지니고 있을 수도 있다. 그런데 신분이 높다고 무조건 좋은 대우를 받고, 신분이 낮다고 능력을 펼칠 기회를 주지 않는다는 것은 합리적이지 않다. 태어날 때 이미 운명이 정해진다는 것은 학력이나 배경보다 능력을 더 중요하게 생각하는 지금 세상에는 맞지 않다고 생각한다.

5. 예시 : 시험 기간에 늦게까지 공부를 하다가 방에서 나와 보니, 어머니께서 내가 먹을 간식을 만들고 계셨다. 열이 나고 기침이 심해 병원에 다녀오실 만큼 아픈 몸으로도 나를 챙겨 주시는 모습을 보니 눈물이 나올 것 같았다. 그런 어머니를 보면서 나를 위해 희생하시는 부모님께 부끄러운 사람이 되지 않도록 노력해야겠다는 생각을 했다. 역시 부모님은 이 세상에서 나를 가장 사랑하신다는 생각도 들었다.

6. 예시 : 부끄럽지만 우리나라에 와 있는 동남아시아 사람들을 깔본 적이 있다. 그들은 생긴 것도 우리랑 조금 다르고, 차림새도 허름하다. 그리고 돈을 벌려고 왔으니 가난한 사람들일 거라는 생각이 들었다. 그래서 동남아시아 사람들을 보면 괜히 피하고, 분명히 나쁜 짓을 할 거라면서 친구들과 수군거린 적도 있다. 이 책을 읽고 깊이 반성했다. 앞으로는 모든 사람들은 다 똑같다는 생각으로 편견 없이 대해야겠다.

7. 예시 : 우선 동생에게 모범을 보여야겠다는 생각이 든다. 매일 형 말을 잘 들으라고 말로만 했지, 행동으로 보인 적은 없는 것 같다. 내가 먼저 바른 행동을 해서 자연스럽게 동생이 따라 할 수 있도록 해야겠다. 그리고 친구들 앞에서도 행동을 바르게 해서 친구들이 스스로 깨닫고 함께 올바른 사람이 되도록 노력해야겠다.

역사 속에 숨은 위인을 만나 보세요!

B.C. 선사 시대 및 연맹 왕국 시대 | A.D. 삼국 시대 | 698 남북국 시대 | 918 고려 시대 | 1392

B.C. 고대 사회 | A.D. 375 중세 사회 | 1400

연도	한국 위인	한국 역사	세계 역사	세계 위인
2000		고조선 건국 (B.C. 2333)	중국 황하 문명 시작 (B.C. 2500년경)	
500			인도 석가모니 탄생 (B.C. 563년경)	석가모니 (B.C. 563?~B.C. 483?)
400				
300		철기 문화 보급 (B.C. 300년경)	알렉산더 대왕 동방 원정 (B.C. 334)	
100		고조선 멸망 (B.C. 108)		
0				예수 (B.C. 4?~A.D. 30)
300	광개토 태왕 (374~412) 을지문덕 (?~?)	고구려 불교 전래 (372)	크리스트교 공인 (313) 게르만 민족 대이동 시작 (375) 로마 제국 동서로 분열 (395)	
500	연개소문 (?~666) 김유신 (595~673)	신라 불교 공인 (527)	수나라 중국 통일 (589)	
600	대조영 (?~719)	고구려 살수 대첩 (612) 신라 삼국 통일 (676) 대조영 발해 건국 (698)	이슬람교 창시 (610) 수 멸망 당나라 건국 (618)	
800	장보고 (?~846) 왕건 (877~943)	장보고 청해진 설치 (828)	러시아 건국 (862)	
900	강감찬 (948~1031)	견훤 후백제 건국 (900) 궁예 후고구려 건국 (901) 왕건 고려 건국 (918)	거란 건국 (918) 송 태종 중국 통일 (979)	
1000		귀주 대첩 (1019)	제1차 십자군 원정 (1096)	
1100		윤관 여진 정벌 (1107)		칭기즈 칸 (1162~1227)
1200		고려 강화로 도읍 옮김 (1232) 개경 환도, 삼별초 대몽 항쟁 (1270)	테무친 몽골 통일 칭기즈 칸이 됨 (1206) 원 제국 성립 (1271)	
1300	최무선 (1328~1395) 황희 (1363~1452) 세종 대왕 (1397~1450) 장영실 (?~?)	문익점 원에서 목화씨 가져옴 (1363) 최무선 화약 만듦 (1377) 조선 건국 (1392)	원 멸망 명 건국 (1368)	
1400		훈민 정음 창제 (1443)	잔 다르크 영국군 격파 (1429) 구텐베르크 금속 활자 발명 (1450)	
1500	신사임당 (1504~1551) 이이 (1536~1584) 허준 (1539~1615) 유성룡 (1542~1607)	임진 왜란 (1592~1598) 한산도 대첩 (1592)	코페르니쿠스 지동설 주장 (1543) 도요토미 히데요시 일본 통일 (1590)	
1600	한석봉 (1543~1605) 이순신 (1545~1598) 오성과 한음 (오성 1556~1618 / 한음 1561~1613)	허준 동의보감 완성 (1610) 병자 호란 (1636) 상평 통보 전국 유통 (1678)	독일 30년 전쟁 (1618) 영국 청교도 혁명 (1642~1649) 뉴턴 만유 인력의 법칙 발견 (1665)	

연도	한국 인물	한국 사건	세계 사건	세계 인물
1700	정약용 (1762~1836) 김정호 (?~?)	이승훈 천주교 전도 (1784)	미국 독립 선언 (1776) 프랑스 대혁명 (1789)	워싱턴 (1732~1799) 페스탈로치 (1746~1827) 모차르트 (1756~1791) 나폴레옹 (1769~1821)
1800			청·영국 아편 전쟁 (1840~1842)	링컨 (1809~1865) 나이팅게일 (1820~1910) 파브르 (1823~1915) 노벨 (1833~1896) 에디슨 (1847~1931)
1850				가우디 (1852~1926)
1860		최제우 동학 창시 (1860) 김정호 대동여지도 제작 (1861)	미국 남북 전쟁 (1861~1865)	라이트 형제 (형, 윌버 1867~1912 / 동생, 오빌 1871~1948) 마리 퀴리 (1867~1934) 간디 (1869~1948)
1870	주시경 (1876~1914) 김구 (1876~1949) 안창호 (1878~1938) 안중근 (1879~1910)	강화도 조약 체결 (1876) 지석영 종두법 전래 (1879)	베를린 회의 (1878)	아문센 (1872~1928) 슈바이처 (1875~1965) 아인슈타인 (1879~1955)
1880		갑신정변 (1884)	청·프랑스 전쟁 (1884~1885)	헬렌 켈러 (1880~1968)
1890	우장춘 (1898~1959) 방정환 (1899~1931)	동학 농민 운동, 갑오개혁 (1894) 대한 제국 성립 (1897)	청·일 전쟁 (1894~1895) 헤이그 평화 회의 (1899)	
1900	유관순 (1902~1920) 윤봉길 (1908~1932)	을사조약 (1905) 헤이그 특사 파견, 고종 퇴위 (1907)	영·일 동맹 (1902) 러·일 전쟁 (1904~1905)	
1910	이중섭 (1916~1956)	한일 강제 합방 (1910) 3·1 운동 (1919)	제1차 세계 대전 (1914~1918) 러시아 혁명 (1917)	테레사 (1910~1997) 만델라 (1918~2013)
1920		어린이날 제정 (1922)	세계 경제 대공황 시작 (1929)	마틴 루서 킹 (1929~1968)
1930	백남준 (1932~2006)	윤봉길·이봉창 의거 (1932)	제2차 세계 대전 (1939~1945)	
1940		8·15 광복 (1945) 대한민국 정부 수립 (1948)	태평양 전쟁 (1941~1945) 국제 연합 성립 (1945)	스티븐 호킹 (1942~2018)
1950	이태석 (1962~2010)	6·25 전쟁 (1950~1953)	소련 세계 최초 인공위성 발사 (1957)	오프라 윈프리 (1954~) 스티브 잡스 (1955~2011) 빌 게이츠 (1955~)
1970		10·26 사태 (1979)	제4차 중동 전쟁 (1973) 소련 아프가니스탄 침공 (1979)	
1980		6·29 민주화 선언 (1987) 서울 올림픽 개최 (1988)	미국 우주 왕복선 콜럼비아호 발사 (1981)	
1990		북한 김일성 사망 (1994)	독일 통일 (1990) 유럽 11개국 단일 통화 유로화 채택 (1998)	
2000		의약 분업 실시 (2000)	미국 9·11 테러 (2001)	

조선 시대 | 1876 개화기 | 1897 대한 제국 | 1910 일제 강점기 | 1948 대한민국

근대 사회 | 1900 현대 사회

2020년 6월 25일 2판 3쇄 **펴냄**
2014년 2월 25일 2판 1쇄 **펴냄**
2008년 8월 30일 1판 1쇄 **펴냄**

펴낸곳 (주)효리원
펴낸이 윤종근
글쓴이 정성란 · **그린이** 전필식
사진 제공 중앙포토 · 연합뉴스
등록 1990년 12월 20일 · **번호** 2-1108
우편 번호 03147
주소 서울시 종로구 삼일대로 457, 1206호
대표 전화 02)3675-5222 · **편집부** 02)3675-5225
팩시밀리 02)765-5222

ISBN 978-89-281-0355-3 64990

홈페이지 www.hyoreewon.com